メスティン自動レシピ

メスティン愛好会／著

山と溪谷社

はじめに

アウトドア系のユーザーから根強い人気を誇っている、トランギアの飯ごう「メスティン」。前作『メスティンレシピ』では、メスティンそのものについての基本的な特徴を解説し、さまざまな調理方法を可能とするメスティンを使った、魅力的な数々のレシピを紹介しました。
今作では、メスティンと同様にキャンパーや登山者に有名な、ドイツ発祥の「エスビット」を使った自動調理レシピを紹介していきます。
自動調理とは、エスビットの携帯型簡易コンロ「ポケットストーブ」と、燃焼性に優れた「固形燃料」を使用して、食材をセットしたメスティンに対して着火・加熱を行ない、火が消えたころにはほとんど手を加えずに、料理が完成しているという非常に便利な調理方法のことを指します。
本書の自動調理レシピを参考に、さらにメスティンでの食事を楽しんでいただければと思います。

ENJOY MESSTIN！

　　　　　　メスティン愛好会

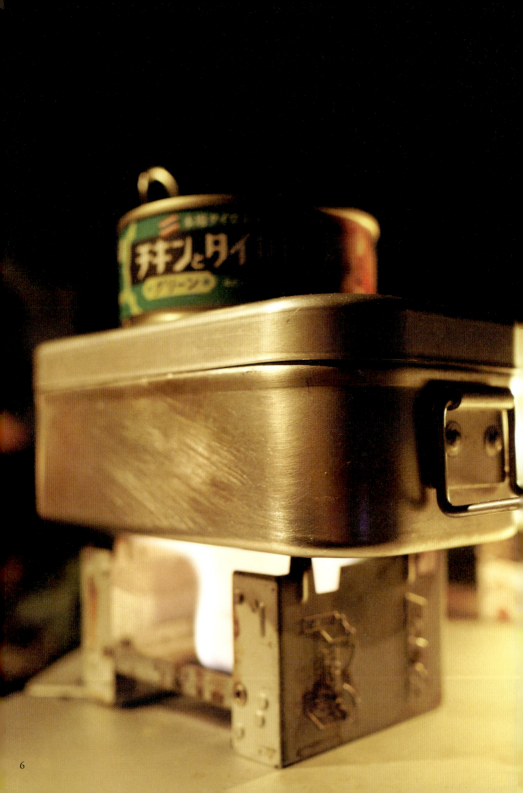

Contents 1

序章 「自動調理の基本」 ……… 10

1 メスティンの基本 ……… 12
2 使用前の準備 ……… 13
3 基本の自動炊飯 ……… 14
4 自動調理テクニック ……… 15
5 ポケットストーブの種類 ……… 16
6 固形燃料の種類 ……… 18
7 火力の調整方法 ……… 19
8 風防で調理を安定させる ……… 20
9 おすすめ周辺アイテム ……… 22
10 便利なスタッキング例紹介 ……… 24

第1章 「炊く」 ……… 26

めんたい高菜ご飯 ……… 28
炊き込みチャーハン ……… 30
簡単パエリア ……… 32
豚玉丼 ……… 34
さつまいもご飯 ……… 36
ホタテとしめじのほっこり粥 ……… 37
メキシカンピラフ ……… 38
とり飯 ……… 40
中華粥 ……… 42
アイデアレシピ1「どこでも買える コンビニレシピ」 ……… 44

第2章 「煮る」 ……… 48

ポルセ ストロガノフ ……… 50
白菜のスープグラタン ……… 52
こしょう鍋 ……… 54
バナナのホットチェー ……… 56
シナモンりんごジャム ……… 57
バッファローチキン ……… 58
酸辣湯 ……… 60
クリームチーズペンネ ……… 62
トマトリゾット ……… 64
スープ水餃子 ……… 65

Contents 2

第2章

- おとなのチョコレートムース ……… 66
- 夏野菜のトマト煮込み ……… 68
- コンソメオニオン ……… 70
- マカロニスープ ……… 72
- 鮭ときのこのフリカッセ ……… 73
- 自家製ジンジャーエール＆レモネードシロップ ……… 74
- 大福しるこ ……… 76
- 海鮮トマトポトフ ……… 78
- アイデアレシピ 2 「組み合わせてひと工夫 冷凍食品レシピ」 ……… 80

第3章 「蒸す」 82

- タイカレーうどん ……… 84
- 生ハムとスチームキャロットのサラダ ……… 86
- チーズフォンデュ ……… 88
- アボカド味噌バター ……… 89
- ジャンボシュウマイ ……… 90

第4章 「焼く」 92

- アボカドミートローフ ……… 94
- チョコチップバナナケーキ ……… 96
- フリッタータ ……… 98
- メスティンパンケーキ ……… 100
- ラックスプディング ……… 102
- ガーリックシュリンプ ……… 104
- 焼きりんご ……… 106
- プリンクリームパン ……… 108
- はんぺんマヨグラタン ……… 110
- キウイパンプディング ……… 112
- アイデアレシピ 3 「家族でも楽しめる! ラージメスティンレシピ」 ……… 114

- 1 焦げ付きの取り方 ……… 118
- 2 すす汚れの落とし方 ……… 119
- 3 鏡面加工 ……… 120
- 4 フッ素コーティング ……… 122
- 5 注意したい失敗例 ……… 124
- レシピ・アイデア提供者 ……… 126

Chapter

0

序章

まずはメスティンについての基本と
自動調理について覚えていきましょう。
自動レシピを作るために必要な、
方法、道具、テクニックを知れば、
メスティンを自在に使えるように。

「自動調理の基本」

自動調理の基本 1

メスティンの基本

言わずと知れたトランギアの人気飯ごう「メスティン」。アルミ製の高い熱伝導率によって、メインの飯ごう炊飯に加えて、煮込み料理や蒸し料理、高火力の炒め物まで美味しく調理が可能。シンプルで使いやすいデザインもあり、幅広い層から人気がある。

サイズは2種類

メスティン	重量	容量
TR-210	150 g	750 ml
1600円＋税		

ラージ メスティン	重量	容量
TR-209	270 g	1350 ml
2500円＋税		

トランギア／イワタニ・プリムス

自動調理の基本 2

使用前の準備

メスティンを快適に、より丁寧に使い続けるためには事前にやるべき工程がある。それは「バリ取り」と「シーズニング」だ。これを行わずに使用してしまうと、思わぬケガをしたり、すぐにメスティンが使い物にならなくなってしまう場合がある。このひと手間をかけることで愛着も湧く。

バリ取り

購入したてのメスティンのふちは、アルミを切り落としたままなので鋭利になっている。不意に指や口元を傷つけてしまう場合もあるので、しっかりと加工しておこう。

1. 目の細かい紙やすり、軍手や革手袋などを用意する。
2. 本体と蓋のふちの部分を紙やすりで磨いていく。
3. 指で触ってみて、ざらつきを感じなくなれば完了。

シーズニング

鉄製の鍋などを油に慣らすことをシーズニングというが、メスティンの場合は米のとぎ汁をなじませる。こうすることで、アルミ臭の緩和と、火による黒ずみを軽減できる。

1. 米のとぎ汁をメスティンが浸かる量、鍋に入れる。
2. メスティンを浸して火にかける。
3. 15〜20分ほど煮込めば米の皮膜ができる。

自動調理の基本 3

基本の自動炊飯

本書のテーマである自動調理だが、基本中の基本はやはり自動炊飯だ。鍋などを使って炊飯をする場合、いちばんやっかいなのは細かい火加減の調整だろう。しかし自動炊飯であれば、固形燃料に火をつけて消えるまで待つだけ。まずは簡単なこの方法から覚えよう。

1 吸水させる

まずは米1合（180㎖）をといで、15分から30分ほど吸水させる。水の量は、ハンドルの結合部分にある2つの丸の直径に合わせるのが簡単だ。

2 固形燃料に着火して炊く

14gの固形燃料をポケットストーブにセットし、火をつける。10分ほど経つと噴きこぼれが始まるが、そのまま火が消えるまで放置する。火加減や時間も気にしなくてOK。

3 ひっくり返して蒸らす

火が消えたら、火傷をしないように、革手袋や軍手などで蓋をしっかりと押さえて逆さまにする。こうすることで底にある水分が全体に行き渡る。15分ほど蒸らす。

4 蓋を開ければ炊きあがり！

ふっくらとした美味しいご飯が完成。しかも底のほうにはほどよいおこげもあり。火をつけてあとは放置するだけで、クオリティの高いご飯が炊きあがる。

自動調理の基本
4

自動調理テクニック

自動調理の基本を押さえたところで、今度は応用テクニックを紹介しよう。もちろん、固形燃料に火をつけて加熱するだけでも十分調理は可能なのだが、メスティンの熱伝導率のよさを生かすことで、さらに調理の幅を広げることができるのだ。

重ねて同時調理

加熱中のメスティンの上に缶詰やシェラカップを置くことで、熱が伝わり同時調理が可能。その際、缶詰は少し開け、場合によってシェラカップには蓋をする。

包んで余熱調理

加熱が済んだあとのメスティンと一緒に、蓋をしたシェラカップなどを布で包み、余熱を使った加熱調理ができる。米を使ったレシピの蒸らし時間でやるのがおすすめだ。

焦げ防止テク

3つ折りにしたアルミホイル2枚で、4つ折りにして濡らしたキッチンペーパーを挟み、メスティンに敷き詰めることで焦げが防止できる。焼く時間が長い料理で活躍する。

自動調理の基本

ポケットストーブの種類

自動調理のやり方を理解したら、次は必要な道具について紹介しよう。メスティンで自動調理をするうえで、携帯性に優れ、サイズ感もちょうどよく、相性抜群なのがエスビットのポケットストーブだ。メスティンの中に収納も可能で、用途に応じたさまざまなタイプもある。

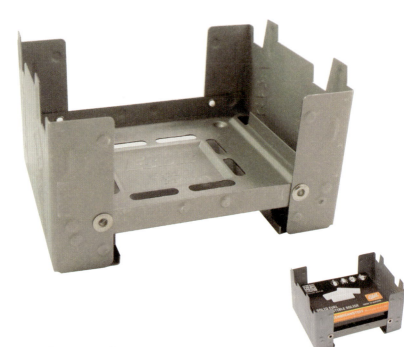

ポケットストーブ・スタンダード

ES20920000

1700円＋税

本書でも使用する、ベーシックタイプのポケットストーブ。折りたたむことができ、ポケットに収納できるサイズで重さはわずか85g。底の部分のスリットなど、熱効率を最大限高める造りで、中に固形燃料をすっぽり収納することもできて無駄がない。

問エスビット／飯塚カンパニー

ポケットストーブ・ラージ

ES00289000

2800円＋税

スタンダードより二回り大きいポケットストーブ。折りたたみ時のサイズは132×94×38mm、重さは174gと大きくなるが、その分スタンダードよりも重さや大きさのある器具をのせることができる。

チタニウムストーブ

ESST115T1

1900円＋税

チタニウム製の折りたたみ可能な超軽量ストーブ。その重さは13gと非常に軽く、持ち運びに便利なメッシュの収納ケースも付いている。防風性能はやや落ちるが、携帯性はピカイチ。

スターシェープクッカー

ES00241001

350円＋税

平面の状態から立体に折り曲げて使用する、使い捨てタイプのストーブ。軽くてかさばらないので、ウルトラライト装備や緊急用の携行品としても最適。

ステンレスストーブ

ESCS75S000

3800円＋税

超軽量、最高品質のステンレススチールを使用した、コンパクトに分解収納できるストーブ。ナイロンポーチも付属しているが、そのままメスティンにも収納可能だ。

固形燃料の種類

ポケットストーブと同じく、自動調理に欠かせないのが固形燃料だ。市販の固形燃料に比べ、煙や燃えかすをほとんど出すことがなく、高山や氷点下でも安定して燃焼することができる優れ物。今回の自動調理では、燃焼時間の違う2種類の固形燃料を使用するのでご紹介しよう。

ミリタリー（14g × 6）
ES11220000
600円＋税

燃焼時間は約12分の固形燃料。安定した火力で燃焼しつづけるため、自動炊飯や煮るレシピに向いている。エスビットの固形燃料のなかで最も長く燃焼する。

スタンダード（4g × 20）
ES10220000
600円＋税

燃焼時間は約5分の固形燃料。飲み物を少し温めるときや、燃え尽きる前に追加することで一定の火力を維持できる。半分に分割することも可能だ。

0〜5分
着火時からしばらくは勢いよく燃え、風が吹いても心配ない。

5〜10分
だんだんと火の勢いが落ち着き、中火程度の火力になる。

10〜12分
火が小さくなり、弱火でしばらく燃え続け、鎮火する。

0〜2分
着火してすぐは、4gでも勢いよく燃焼する。

2〜4分
しかし持続性はないので、すぐに火の勢いは落ちてくる。

4〜5分
かなり火の勢いは小さくなり、しばらくすると鎮火。

自動調理の基本
7
火力の調整方法

燃料が燃え尽きたら自動で鎮火するのが固形燃料の特徴だが、一度火をつけてしまうと調節ができないという面もある。ここでは料理に応じた、固形燃料での火力の調整方法を紹介しておく。ただし、風の影響を受ける環境下では勝手が違ってくるので、調理の際には注意しよう。

強火 <スタンダード×3>

4gの固形燃料を、間をあけて3つ並べる。隙間なく並べると、燃焼中にストーブから燃料が垂れて床などに燃え移る危険がある。

3つ同時に着火することで、かなりの高火力になる。しかし加熱時間は短いので、揚げ物などの短時間調理に向いている。

中火 <ミリタリー×1+スタンダード×1>

14gの固形燃料に着火後、10〜12分あたりで4gの固形燃料を追加することで、中火での加熱時間を延ばすことができる。

弱火 <スタンダード×1/2>

4gの固形燃料を半分に折って使用することで、最初から弱火で調理が可能。細かい火加減が必要なときや、とろ火におすすめ。

100均の固形燃料

一般的によく使われるこちらの固形燃料。コスパがよく、燃焼時間も長いので使い勝手がよいが、気化しやすく長期保存ができないので注意が必要だ。

自動調理の基本 8

風防で調理を安定させる

自動調理の一番の天敵といえば、風の影響である。固形燃料はガスバーナーなどに比べると風に影響されやすく、火がメスティンに当たらず加熱不足の原因になる。そこで調理をより安定させるアイテムとして、風防について紹介する。

**ユニフレーム
ウィンドスクリーンL**

No.616527

1297円＋税

素材にステンレス鋼を使用しているので適度な重さがあり、風にしっかり耐えてくれる。また、両サイドには折りたためる脚が付いており、これによってさらに安定性が増している。収納時のサイズは155×94×4mmで、メスティンカバーがあれば一緒に収納することも可能だ。

**ウインドスクリーン
135mm × 650mm**

287円＋税（2019/06/23時点）

安価なノーブランド品だが、収納時のサイズが135×76×15mmで、メスティンの中に収納が可能。素材がアルミのため非常に軽く、強風で動いてしまうことも。また、1枚の厚さも薄いため、火に近すぎると融解してしまうので注意が必要。

自作風防の作り方

ロゴスから発売されているBBQ用アルミシートを使って、2種類のポケットストーブの風防を自作してみよう。耐火性にも優れていて、折りたためば収納性は抜群だ。

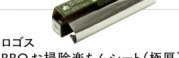

ロゴス
BBQお掃除楽ちんシート（極厚）

740円＋税

●カーテンタイプ

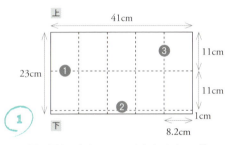

図の長さに合わせてシートをカットする。①の点線で↓向きに山折りをして、余っている②の点線で↑向きに谷折りをして端を綴じる。最後に③の点線に沿って5つ折りにすれば、メスティンに収まるサイズのカーテンタイプ風防シートの完成だ。

取り付け方は、5つ折りをすべて広げた状態で、エスビットにのせたメスティンの縁に沿って側面を覆い、ちょうどハンドルの両脇あたりにくるシート両端を、耐熱性のあるクリップなどでメスティンの縁に固定すればOK。簡易的なため、蓋が完全に閉じられなくなるのはあしからず。

●装着タイプ

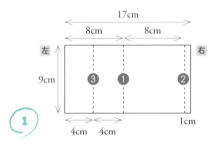

図の長さに合わせてシートをカットする。①の点線で←向きに谷折りをして、余っている②の点線で左向きに山折りをして端を綴じる。最後に③の点線に沿って谷折りする。これをもうひとつ作れば、ポケットストーブの横幅にぴったりの装着タイプ風防シートの完成だ。

取り付け方は簡単で、山折りになっているシート2つを、展開してある状態のポケットストーブの、壁のない正面と背面部分に上から差し込むだけ。こうすることで、最小限の範囲でポケットストーブの4方向を風から守ることができる。

おすすめ周辺アイテム

風防以外にも、メスティンやストーブを便利に扱うためのアイテムはまだまだある。ここではメーカー公式の周辺アイテムと、シンデレラフィットと呼ばれる、本来の用途とは異なるがサイズ感がぴったり合うアイテムの、2つのテーマで紹介しよう。

**メスティン用
SS メッシュトレイ（ステンレス製）**

TR-SS210

750 円＋税

**ラージメスティン用
SS メッシュトレイ（ステンレス製）**

TR-SS209

850 円＋税

それぞれ蒸し料理でマストアイテムとなる、トランギア製の純正底上げ網。類似の市販品が多く出ているが、ラージメスティンに関してはなかなか合うものがない、純正品が質もよくておすすめ。

**メスティン・
ラージメスティン用
レザーハンドルカバー
（レザー製）**

TR-620210

1800 円＋税

バーナーで調理する分にはハンドルはそこまで熱くなることはないが、固形燃料の場合、風向きによってはハンドル部分が焦げたりする場合もあるので、これがあったほうがより安全に調理することができる。

**メスティン用ケース
（キャンバス製）**

TR-CS210

1200 円＋税

メスティンは蓋を完全に固定できないので、食材をスタッキングしていた場合、ふとした衝撃で中身があふれてしまう場合もある。そういったときに専用ケースがあれば防ぐこともでき、また汚れや傷もつきづらくなる。

トランギア／イワタニ・プリムス

シンデレラフィットアイテム

グラナイトギア
エアセルブロックス S

2210900057

3900円＋税

グラナイトギアのケースが、メスティンの収納にぴったりのサイズ。保冷性能が優れているので食材のスタッキングが可能で、クッション性もあるため傷つきやすいメスティンを保護してくれる。布にくるんだ状態であれば、保温にも使用できる。

ベルモント
チタントレールカップ 280
フォールドハンドル

BM-007

1900円＋税

ベルモントのチタンカップは、サイズが92×53mmで高さ・幅ともにメスティンの中にぴったり収納が可能。スープやごはん系のレシピを作ったときの、取り分けるお椀に使えて便利だ。コップとして使うのにもいい。スタッキングアイテムとしておすすめだ。

100均でアイテム探し！

100均でもシンデレラフィットアイテムは見つけられる。3つのアイテムを発見したので、紹介しよう。

● ステンレス製名刺入れ

名刺入れコーナーによく置いてある鉄製の名刺。実は名刺のサイズはポケットストーブにぴったりで、展開状態のストーブにセットすることで風防＋燃料垂れ防止トレーにもなるのだ。しかし、メスティンが多少置きづらくはなってしまうので注意。

● 耐熱性プリンカップ

この小型のプリンカップがメスティンの中にも収納可能で、ミニシェラカップとして使用することができる。スタッキング時にも、何か小物を入れたり、小分け収納が可能。しかし熱伝導率はあまりよくはなく、重さもあるので注意だ。

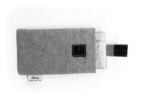

● ペンホルダーケース

フックにひっかけて吊るすことができるタイプのケースが、ポケットストーブの収納に大活躍。深さがあるので、収納した上にさらに固形燃料などを入れることができる。素材やデザインもシンプルでアウトドアシーンにも合いそうだ。防火性はないので、使用直後の収納は気をつけよう。

便利なスタッキング例紹介

自動調理の基本 10

メスティンやストーブなどの周辺アイテムをいくつか紹介してきたが、そのほかの自動調理に必要なアイテムも含め、メスティン内に収納できたら非常に便利ではないだろうか。ここでは3つのテーマに合わせた便利なスタッキング例を紹介したい。

調理メインスタイル

自動調理を快適にたくさん楽しみたい人に向けたスタッキング例。固形燃料は4gと14g両方を用意して火力の調節も可能。ストーブはステンレスストーブを使用することで、収納性も損なわずに調理の天敵である防風性もカバー。蒸し料理に必要なメッシュトレイも用意し、どのジャンルのレシピにも対応できるようにした。カトラリー類も充実し、食事もストレスなく楽しめる。

食材パッキングスタイル

P44で紹介する「鮭としらすの炊き込みご飯」の材料をパッキング。メスティンだけ持っていけばそのまま調理可能な山向けスタイルだ。食材は必要な分だけをフリーザーバッグなどに入れ、傷まないように凍らせるか、保冷剤を一緒に入れてあげれば、このほかにもいろいろな食材パッキングが楽しめる。食材でスペースが圧迫される分は、チタニウムストーブのコンパクトさでカバーできる。

シンプルスタイル

スタンダードなポケットストーブ内に固形燃料1箱を収納するシンプルなスタイル。空いたスペースには、ウインドスクリーン、ミニハンドル、ナイフ、ライターを収納し、調理時もストレスフリーに。折りたためるコップは調味料を混ぜておいたりソースを作るのにも便利だし、食事の際にも重宝する。作るレシピによって、調味料ボトルなどを持ち込むのもいいだろう。

Chapter 1

第1章

自動調理の基本となるのは、
やはり米を使用した
自動炊飯といえるでしょう。
メスティンのメインとなる調理法であり、
自動調理の雛形でもある炊き込み。
まずはここから始めてみましょう。

「炊く」

「炊く」自動調理のポイント

吸水時間は
レシピで変わる

吸水時間はレシピによって変わりますが、時間がなければすぐに炊いても問題ありません。好みの炊きあがりに合わせて時間を変えてもOKです。

蒸らすときは
保温する

固形燃料が燃え尽きたら、メスティンをひっくり返して蒸らしますが、布などを使い保温性を上げたほうが、熱が対流して炊きあがりはより美味しくなります。

- ☑ 炊く
- ☐ 煮る
- ☐ 蒸す
- ☐ 焼く

めんたい高菜ご飯

14g×1

● 材料
無洗米 …… 1合
水 …… 200ml
高菜 …… 大さじ2
バター …… 1片（8g）
明太子 …… 1個
粗びき黒こしょう …… 少々

作り方

1 メスティンに米と水を入れ、高菜をのせて30分おく。

2 ①にバターをおいて蓋をし、固形燃料14gに火をつける。

3 火が消えるまで加熱したら、蓋を下にして布巾などで包み、10分おく。

4 粗びき黒こしょうを多めにふりかけ、明太子をのせたらほぐし混ぜる。

POINT 高菜をのせて吸水させることで、ご飯一粒一粒に味が染みる。

バターでマイルドになった高菜と
明太子と黒こしょうの辛みが絶妙に合う

- [x] 炊く
- [ ] 煮る
- [ ] 蒸す
- [ ] 焼く

炊き込みチャーハン

 14g×1

● 材料

無洗米 …… 1合	卵 …… 1個
水 …… 200㎖	A 油 …… 適量
チャーシュー …… 90g	塩 …… 適量
ねぎ …… 1/4本	塩 …… 適量
中華練り調味料 …… 大さじ1	こしょう …… 適量
ごま油 …… 大さじ1	青ねぎ …… 適量

作り方

1 メスティンに水と米を入れ5分吸水させる。

2 チャーシューとねぎをみじん切りにする。

3 ②と中華調味料、ごま油を入れ、固形燃料14gに火をつけて炊く。

4 Aの材料で炒り卵を作って合わせ、最後に塩・こしょうで味を調える。

POINT 炒り卵は調理済みの製品を使ってもOK。

炊くだけでできる
チャーシューの味が染みた簡単炒飯

- ☑ 炊く
- ☐ 煮る
- ☐ 蒸す
- ☐ 焼く

簡単パエリア

 14g×1

●材料
- えび …… 3尾
- 無洗米 …… 1合
- A
  - 水 …… 200mℓ
  - 顆粒コンソメ …… 小さじ1
  - ターメリック …… 少々
  - にんにく（すりおろし）…… 少々
- あさり …… 5粒
- オリーブオイル …… 大さじ1
- イタリアンパセリ …… 適量
- レモン（くし切り）…… 適量

作り方

1. えびの殻をむき、背わたを取る。
2. メスティンに米とオリーブオイルを入れ、固形燃料14gに火をつけて軽く炒める。
3. Aとえび、あさりを加えて蓋をする。
4. 火が消えるまで加熱し、10分蒸らす。
5. 蓋を開けてイタリアンパセリ、レモンを添える。

POINT シーフードミックスを使うとより簡単！ ターメリックでお手軽に色付けできる。

お手軽だけど見た目は華やか
魚介のだしを漏らさず堪能

- [x] 炊く
- [ ] 煮る
- [ ] 蒸す
- [ ] 焼く

豚玉丼

 14g×1

● 材料

無洗米 …… 1合
水 …… 200㎖（吸水用）
豚バラ肉（薄切り）…… 100g
しょうが …… 1片
卵 …… 1個（S〜Mサイズ）
A ┌ しょうゆ …… 大さじ1と小さじ1
  │ 砂糖 …… 小さじ2
  │ 酢 …… 小さじ1
  │ ごま油 …… 小さじ1
  └ 塩 …… 少々

刻みねぎ …… 適量
七味唐辛子 …… 少々
水 …… 小さじ1

作り方

1 メスティンで米を30分吸水させる。
2 豚バラ肉をひと口大に切り、
  しょうがは千切りにし、
  混ぜ合わせたAに20分漬ける。
3 ①に②をのせ、固型燃料14gに火をつける。
4 アルミ容器に水を入れ、卵を割り入れて蓋をし、
  ラップをかけて③の蓋上にのせる。
5 火が消えたら蓋を下にし、
  その上にアルミ容器をのせ、
  布巾などに包んで10分おく。
6 刻みねぎと卵をのせ、七味唐辛子をふりかける。

POINT アルミ容器に水を入れることで、卵が容器からキレイに剥がれる。

豚肉に絡む半熟卵がたまらない
ガツガツすすむ男飯

- ☑ 炊く
- ☐ 煮る
- ☐ 蒸す
- ☐ 焼く

さつまいもご飯

 14g×1

芋の香りが香ばしい
冬におすすめのほっこりご飯

● 材料

無洗米 …… 1合
A ┌ 雑穀米 …… 大さじ1
  │ 顆粒だし …… 小さじ1/2
  └ 水 …… 220ml
さつまいも …… 1/3本(100g)
ごま塩 …… 適量

作り方

1. メスティンに米とAを入れてよく混ぜ、30分おく。
2. さつまいもを1cm大の角切りにする。
3. ①にさつまいもを入れて蓋をし、固形燃料14gに火をつける。
4. 火が消えるまで加熱し、10分蒸らす。
5. 蓋を開けて混ぜ、ごま塩をふる。

POINT カレーにもOK。豆や栗を入れても!

- ☐ 炊く
- ☑ 煮る
- ☐ 蒸す
- ☐ 炒める

ホタテとしめじの ほっこり粥

 14g×1

疲れた体にやさしい
貝の旨味が効いたあったかおかゆ

● 材料

無洗米 …… 30g
水 …… 300㎖
ホタテ …… 50g
しめじ …… 15g
青ねぎ …… 適量
顆粒だし …… 大さじ1
塩 …… 適量
こしょう …… 適量

作り方

1. メスティンに米と水を入れ15分吸水させる。
2. ホタテは細かく刻み、しめじをばらす。青ねぎはみじん切りにしておく。
3. すべての食材をメスティンに入れ、固形燃料14gに火をつける。
4. 最後に塩・こしょうで味を調える。

POINT ホタテを刻むことで、お粥全体に味が広がる。

- ☑ 炊く
- ☐ 煮る
- ☐ 蒸す
- ☐ 焼く

メキシカンピラフ

 14g×1

● 材料

- 無洗米 …… 1合
- 水 …… 120mℓ
- 玉ねぎ …… 1/4個
- にんにく …… 1個
- チョリソー（ソーセージでも可）…… 3本
- トマト缶 …… 100g
- コーン …… 20g
- コンソメ …… 1個
- クミン …… 適量
- コリアンダー …… 適量
- チリパウダー …… 適量
- 塩 …… 適量

作り方

1. メスティンに米を水を入れ15分吸水させる。
2. 玉ねぎ、にんにくをみじん切りに、チョリソー（ソーセージ）は1cmほどの輪切りにする。
3. メスティンにすべての食材を入れ、固形燃料14gに火をつけて炊きあげる。
4. 炊きあがったら塩で味を調え、お好みでパセリをふる。

POINT お好みでスパイスの量を調節して本場の味に。

スパイシーな味付けがクセになる
簡単メキシカン料理

- ☑ 炊く
- ☐ 煮る
- ☐ 蒸す
- ☐ 焼く

とり飯

 14g×1

● 材料
無洗米 …… 1合
水 …… 200㎖
焼き鳥缶 …… 1缶
しめじ …… 20g
塩 …… 少々
小口ねぎ …… 適量
山椒 …… 少々

作り方

1 メスティンに米と水を入れ、焼き鳥とタレ、ほぐしたしめじ、塩を入れ、30分おく。
（缶に残ったたれは、分量中の水少々で溶き、残らず加える）

2 蓋をして固形燃料14gに火をつける。

3 火が消えるまで加熱したら蓋を下にし、布巾などで包んで10分おく。

4 小口ねぎ、山椒をふりかけたら、ほぐし混ぜる。

(POINT) 焼き鳥缶やしめじと一緒に吸水することで、下味はばっちり。

山椒とタレの相性が抜群
しめじの食感も心地よい

- [x] 炊く
- [ ] 煮る
- [ ] 蒸す
- [ ] 焼く

中華粥

 14g×1

● 材料

無洗米 …… 30g	中華だし …… 大さじ1
水 …… 300㎖	塩 …… 適量
鶏肉 …… 50g	こしょう …… 適量
ごま油…… 適量	
青ねぎ …… 適量	

作り方

1 メスティンに米と水を入れ15分吸水させる。

2 鶏肉をひと口大に切り、
青ねぎは小口切りにする。

3 米、鶏肉、ごま油、中華だし、水を入れ、
固形燃料14gに火をつける。

4 塩・こしょうで味を調え、
お好みでごま油を入れ、青ねぎを入れる。

POINT お好みでしめじなどのきのこ類を入れてもOK。

鶏肉と中華だしが合う
食欲を刺激するお粥レシピ

アイデアレシピ 1 | どこでも買える コンビニレシピ

コンビニに置いてある食材を使って、だれでも簡単に作れるお手軽レシピを紹介！これを参考にして自分だけのレシピも探してみよう。

鮭としらすの炊き込みご飯

 14g×1

作り方

1. メスティンで米を洗い、水を入れて15分吸水させる。
2. 吸水させた米の上に鮭を置き、しらすと青ねぎを全体にちらす。
3. 蓋をして、固形燃料14gに火をつけて加熱する。
4. 火が消えたらメスティンをひっくり返し、15分ほど蒸らす。

● 材料

鮭の塩焼き……1パック　米……1合
しらす……1パック　水……200㎖
刻み青ねぎ……適量

鮭としらすの塩味がいい！簡単炊き込みご飯

なんちゃってチゲ鍋

 14g×1

水煮具材を使って簡単チゲ鍋風に！

作り方
1. メスティンにキムチ、豚汁用水煮具材、木綿豆腐を入る分まで入れる（お好みで、肉や野菜を追加してもOK）。
2. 蓋をして、固形燃料14gに火をつけて加熱する。
3. 火が消えたら蓋を開け、塩、コチュジャンで味を調える。

コンビニチキンカツ丼

 4g×1

コンビニチキンで簡単チキンカツ丼風！

作り方
1. メスティンにパックご飯を敷き詰め、コンビニチキンをのせる。
2. 卵2個を溶き、醤油、みりん、砂糖などを混ぜ合わせて味付けをする。
3. チキンの上から2をまわしかけて蓋をし、4gの固形燃料に火をつける。
4. 火が消えたら蓋を開け、こしょうを適量かける。

ハンバーグチーズドリア 4g×2

コーンポタージュで簡単ドリア風に!

作り方
1. メスティンにパックご飯を敷き詰め、100㎖ほどの水に溶かしたコーンポタージュをかける。
2. ハンバーグをソースごとのせ、スライスチーズを1枚のせる。
3. 蓋をし、固形燃料4gを2つ並べ、火をつけて加熱する。

サバのごろごろ茶漬け 4g×2

サバの旨味と雑穀米が合う!

作り方
1. メスティンに雑穀米おにぎりを1個のせ、お茶漬けの素1袋をかける。
2. サバの水煮缶と水を100㎖ほど入れる。
3. 蓋をして固形燃料4gを2つ並べ、火をつけて加熱する。火が消えたら最後に青ねぎをのせる。

Idea Recipe

焼きバナナプリン

 14g×1

プリンが溶けて
トロトロバナナに！

作り方

1. メスティンの内側にバター適量をたっぷり塗る。
2. 適当なサイズにカットしたバナナを入れ、その上にプリンをのせる。
3. 蓋をし、固形燃料14gに火をつけて加熱する。
4. 火が消えたら最後にシナモンをかける。

焼き煮込みラーメン

 14g×1

メスティンで簡単
焼きラーメン風に！

作り方

1. メスティンにインスタント袋麺を割り入れ、粉末スープと水200mlくらいを入れる。
2. カット野菜を適量入れ、蓋をずらしてのせる。固形燃料14gに火をつけて加熱する。
3. 火が消えたら、最後におつまみチャーシューと、煮卵、メンマをのせる。

Chapter 2

第2章

自動調理のなかで、
いちばんレシピ数が多いのがこの章です。
理由は、とにかく調理がしやすいから。
メスティンは深さもあるので
食材を丸ごと入れて、
あとはだしやソースを加えるだけ。
自動で美味しく煮込んでくれます。

「煮る」

「煮る」自動調理のポイント

蓋ののせ方を使い分ける

強火で沸騰させるならしっかり閉じて、じっくり煮込み続けるならずらしてのせたりと、レシピによって蓋ののせ方を使い分けましょう。

硬い食材は底に入れる

食材によって火の通り具合は違うため、火が通りづらい硬いものは底のほうに入れて、均等に煮えるようにしましょう。

- ☐ 炊く
- ☑ 煮る
- ☐ 蒸す
- ☐ 焼く

ポルセ ストロガノフ

14g×1

● 材料

ソーセージ …… 250g
（1本50gの場合5本。
1本を4〜5切れに斜めカット）
長ねぎ …… 2/3本（ひと口大）
マッシュルーム …… 20g（薄切り）
バター …… 大さじ1/2
生クリーム …… 50㎖

牛乳 …… 100㎖
パセリ …… 適量
A ┌ トマトピューレ …… 100㎖
 │ コンソメ …… 2g
 │ ローリエ …… 1枚
 │ 粒黒こしょう …… 3粒
 └ 粒白こしょう …… 3粒

作り方

1 メスティンにバターを入れる。
野菜、ソーセージをカットする。

2 メスティンに野菜を入れてバターとからめ、
その上に蓋をするようにソーセージを入れる。

3 蓋をして、固形燃料14gに火をつけ、
1分ほどたったらAを入れ、ふたたび蓋をする。

4 クツクツしてきたら蓋を開け、
生クリームと牛乳を入れ、よく混ぜる。
火が消えるまで煮込む。

5 火が消えたら、仕上げにパセリをちぎってちらす。

POINT 野菜にしっかりとバターがからむようにして、焦げないようにする。

子どもから大人まで大好きな
ノルウェーの定番家庭料理

- ☐ 炊く
- ☑ 煮る
- ☐ 蒸す
- ☐ 焼く

白菜のスープグラタン

14g×1

● 材料

白菜 …… 1/10個
スライスベーコン …… 3枚

A
- 牛乳 …… 150mℓ
- コーンスターチ …… 大さじ2
- 刻んだコンソメ …… 1/2個
- 砂糖 …… 小さじ1/2
- すりおろしにんにく …… 小さじ1/4
- こしょう、塩、ナツメグパウダー …… 少々

シュレッドチーズ …… 1/2カップ
バター …… 1片

作り方

1 白菜をひと口大サイズに、ベーコンを4等分に切り分ける。

2 メスティンに硬めの白菜を敷き、その上にベーコンを半量のせる。

3 ②の上に白菜を3枚ずつ重ねのせ、その上にベーコンをのせ、残りの白菜ものせる。

4 Aをよく混ぜて③に流し、チーズとバターをちらす。

5 固形燃料14gに火をつけ、蓋を少しずらしてのせ、火が消えるまで加熱する。

6 火が消えたら、バーナーで表面を軽く炙る。

POINT 芯のある硬めの白菜を下にすることで、火が通りやすくなる。

濃厚スープはパンと一緒に召し上がれ

- [ ] 炊く
- [x] 煮る
- [ ] 蒸す
- [ ] 焼く

こしょう鍋

 4g×3~

●材料

ホタテ貝柱 …… 適量	粗びきミックスペッパー …… 小さじ1
あさり …… 適量	A ┌ 昆布だし（顆粒）…… 小さじ2
あおやぎ …… 適量	│ 粒黒こしょう …… 10粒
しめじ …… 1パック	│ 粒白こしょう …… 10粒
ねぎ …… 1本	│ しょうゆ …… 大さじ1
水菜 …… 半束	│ 酒 …… 大さじ1
	└ 水 …… 250㎖

作り方

1 野菜類をメスティンに並べ、Aを入れ、固形燃料4gを3つ並べて火をつける。

2 ①がクツクツしてきたら、貝類を入れる。

3 ②に火が通ったら、粗びきミックスペッパーをふってできあがり。

4 具材と、4gの固形燃料を足しながら、鍋を楽しむ。

POINT 貝類はお好みで3種類くらい入れる。

鍋を長く楽しむほど
具材のだしが効いてくる

- ☐ 炊く
- ☑ 煮る
- ☐ 蒸す
- ☐ 焼く

バナナのホットチェー

 14g×1

煮込むことでバナナの甘みが溶け出し
ミルクとナッツが調和する

● 材料

バナナ …… 2本
ミックスナッツ …… 適量
ココナッツミルク …… 1缶
砂糖 …… 大さじ2

作り方

1. バナナは皮をむき、縦半分に切る。ミックスナッツは粗く刻む。
2. メスティンにミックスナッツ以外の材料を入れ、固形燃料14gに火をつけて、火が消えるまで煮る。
3. 火が消えたら、刻んだミックスナッツをふる。

POINT スプーンでバナナをくずしながらミルクとからめる。冷やしても美味しい。

- ☐ 炊く
- ☑ 煮る
- ☐ 蒸す
- ☐ 炒める

シナモンりんごジャム

 14g×1

りんごの食感とともに
シナモンの香りが口に広がる

● 材料
りんご(紅玉) …… 1個
砂糖 …… 70g(りんごの半量)
レモン汁 …… 小さじ1
シナモンスティック …… 1本

作り方

1. りんごをよく洗い、8等分に切って芯を取り除き、皮が付いたまま薄切りにする。
2. メスティンにすべての材料を入れてよく混ぜ、水分が出るまで10分おく。
3. 固形燃料14gに火をつけて、途中でかき混ぜながら火が消えるまで煮て、冷ます。

POINT　できたジャムをパンだけでなく、お肉などにつけてもOK！

- ☐ 炊く
- ☑ 煮る
- ☐ 蒸す
- ☐ 焼く

バッファローチキン

 14g×1 / 4g×2

● 材料

鶏手羽 …… 4本
パインジュース
（果実100％）…… 100㎖
バター …… 2片

A
- ケチャップ …… 大さじ2
- カイエンペッパー …… 小さじ1
- すりおろしにんにく …… 小さじ1
- 塩 …… 小さじ1/3
- タバスコ …… 10滴
- 砂糖 …… 小さじ1/2
- こしょう …… 少々

作り方

1 ソースがよくなじむように、鶏手羽の両面をフォークで刺す。

2 メスティンにパインジュースとAを入れ、よく混ぜたら①をのせ、小分けにカットしたバターをバラバラにおく。

3 固形燃料14gに火をつけ、蓋を少しずらしてメスティンをのせる。

4 火が消えたら、固形燃料4gを2個、すき間をあけて置き、火をつけて蓋をしないでメスティンをのせる。

5 手羽を返して、火が消えるまで加熱する。

POINT　固形燃料4gを間隔をあけて置き、均等に火が通るようにする。

甘辛ソースにかぶりつく
ニューヨーク発祥料理

- ☐ 炊く
- ☑ 煮る
- ☐ 蒸す
- ☐ 焼く

酸辣湯
スーラータン

14g×1

● 材料

たけのこ水煮 …… 50g	青ねぎ …… 適量
しめじ …… 15g	水溶き片栗粉
A [水 …… 300㎖	（片栗粉大さじ1、水20g）
中華だし …… 大さじ1	卵 …… 1個
ラー油 …… 適量	塩 …… 適量
酢 …… 大さじ2	こしょう …… 適量

作り方

1 たけのこを食べやすいサイズにカットし、しめじをばらす。青ねぎは小口切りにする。

2 たけのことしめじ、Aをメスティンに入れ、固形燃料14gに火をつける。

3 煮立ったら、水溶き片栗粉を入れてとろみをつけ、卵を入れる。

4 塩・こしょうで味を調え、青ねぎを散らし、お好みでラー油をたらす。

POINT 煮込みすぎると味が濃くなるので、水を入れて調節する。

夏でもさっぱり食べられる 朝食にして目覚ましにも

- ☐ 炊く
- ☑ 煮る
- ☐ 蒸す
- ☐ 焼く

クリームチーズペンネ

14g×1
4g×1

● 材料
ペンネ …… 60g
クリームチーズ（ポーションタイプ）…… 3個（約55g）
コンソメ …… 1/2個
水 …… 200ml
オリーブオイル …… 大さじ1
すりおろしにんにく …… 小さじ1/4
粗びき黒こしょう …… 適量

作り方

1 メスティンにペンネと刻んだコンソメと水を入れ、40分おく。
2 ①にオリーブオイルとすりおろしにんにくを入れ、よく混ぜたらクリームチーズをのせる。
3 固形燃料14gに火をつけ、蓋を少しずらしたメスティンをのせる。
4 火が消えたら、固形燃料4gに火をつけて、蓋をしないでメスティンをのせる。
5 ときどき混ぜながら、火が消えるまで加熱する。
6 粗びき黒こしょうをたっぷりふりかける。

(POINT) ペンネは早煮え用を使ってもOK。⑤で焦げ付かないように注意。

濃厚チーズのペンネに粗びきこしょうがよくあう

☐ 炊く
☑ 煮る
☐ 蒸す
☐ 焼く

トマトリゾット

 14g×1

トマトジュースで簡単調理
定番リゾットをメスティンで

● 材料

ごはん …… 茶碗1杯分
厚切りベーコン …… 50g
A ┌ トマトジュース …… 200㎖
  │ 顆粒コンソメ …… 小さじ1
  │ ローリエ …… 1枚
  └ 塩、こしょう …… 少々
B ┌ オリーブオイル …… 大さじ1
  └ にんにく（薄切り）…… 1かけ
C ┌ 粉チーズ、
  └ ブラックペッパー …… 適量

作り方

1 ベーコンを1cm幅に切り、Bと一緒にメスティンに入れ、固形燃料14gに火をつけて炒める。

2 Aを加えてひと煮立ちさせ、ご飯を加えてほぐし、火が消えるまで煮る。

3 火が消えたらCをふる。

POINT 余った冷や飯などを活用したアレンジレシピ。

- ☐ 炊く
- ☑ 煮る
- ☐ 蒸す
- ☐ 炒める

スープ水餃子

 14g×1

山向け簡単スープレシピ
メスティンにパッキングもできる

● 材料
冷凍餃子 …… 5個
ねぎ …… 1/5本
水 …… 300㎖
中華だし …… 大さじ1
ごま油 …… 適量

作り方

1. ねぎを小口切りにする。
2. ごま油以外のすべての食材を メスティンに入れ、固形燃料14gに火をつける。
3. 火が消えたら、お好みでごま油をたらす。

POINT 冷凍餃子はある程度自然解凍しておくと、中までだしが染みる。

- ☐ 炊く
- ✓ 煮る
- ☐ 蒸す
- ☐ 焼く

おとなの
チョコレートムース

 4g×1〜

● 材料

A
- 白ワイン …… 120㎖
- ドライいちじく
  …… 3個(4つにカット)
- マシュマロ
  …… 4個(4つにカット)
- レーズン …… 大さじ1と1/2
- ローズマリー …… 適量

B
- 板チョコ
  …… 1.5枚(細かく砕く)
- アガー …… 5g
- ココアパウダー …… 約20g
- 牛乳 …… 255㎖
- キウイ
  …… 1/2個(3枚にスライス)
- レモンピール …… 適量
- ローズマリー …… 適量

作り方

1 それぞれの大きさにカットしたAを
すべてメスティンに入れ、半日〜1日おく。

2 Bをすべて、ひとつに混ぜておく。

3 固形燃料4gに火をつけ、ローズマリーを
取り出した①を加熱し、牛乳を入れて底から
全体を混ぜながらマシュマロを溶かす。
常に底から全体を混ぜながら、
なめらかになるまで溶かしきる。

4 ③に②を4回に分けて入れ、溶かしきる。
蓋をして2〜3時間おく。

5 ④が固まったら、キウイ、ローズマリー、
レモンピールをのせる。

POINT ③では底が焦げないようにしっかり混ぜて溶かしきる。固形燃料4gは随時追加する。

濃厚な口あたりとキウイの酸味が合う
大人向け本格デザート

67

- ☐ 炊く
- ☑ 煮る
- ☐ 蒸す
- ☐ 焼く

夏野菜の
トマト煮込み

 14g×2

● 材料

ズッキーニ …… 1/4本	にんにく …… 1個
なす …… 1/4本	オリーブオイル …… 適量
パプリカ（赤）…… 1/4個	トマト缶 …… 200g
パプリカ（黄）…… 1/4個	水 …… 100㎖
ピーマン …… 1個	コンソメ …… 1個
玉ねぎ …… 1/4個	塩 …… 適量
アンチョビ …… 適量	こしょう …… 適量
	チャービル …… 適量

作り方

1. ズッキーニ、なすは半月切り、パプリカ、ピーマンは乱切りに、玉ねぎは串切りにする。
2. 固形燃料14gに火をつけ、にんにくをつぶしてアンチョビと一緒にオリーブオイルで熱し、香りが出てきたら①を入れて軽く炒める。
3. トマト缶、水、コンソメを入れたら蓋をして、2個目の固形燃料14gに火をつけて煮る。
4. 火が消えたら塩・こしょうで味を調え、オリーブオイルをかけてチャービルをのせる。

POINT 火が通りにくいズッキーニなどは底のほうに敷く。

野菜をたっぷり入れた
体に優しい彩りレシピ

- ☐ 炊く
- ☑ 煮る
- ☐ 蒸す
- ☐ 焼く

コンソメオニオン

 14g×2

●材料

玉ねぎ …… 1個(直径7〜8cm)
A ┌ 水 …… 200㎖
　├ 白ワイン …… 大さじ1
　└ コンソメ …… 1個
塩 …… ほんの少々
バター …… 1片
刻みパセリ、こしょう …… 少々

作り方

1 玉ねぎは横半分に切り、切った面に十字の切り込みを入れる。

2 メスティンにAを入れ、①をのせる。

3 玉ねぎの上に塩をふり、バターを1/2片ずつのせる。

4 固形燃料14gに火をつけ、蓋をして加熱する。

5 火が消えたら、もうひとつの固形燃料14gに火をつけて加熱する。

6 火が消えたらパセリ、こしょうをふりかける。

POINT 新玉ねぎを使うとより甘みが増してトロトロに。

シンプルだけどコクのある
バゲットにあうスープ料理

71

☐ 炊く
☑ 煮る
☐ 蒸す
☐ 焼く

マカロニスープ

 14g×1

即席スープの大定番
豆の食感で食べ応えも十分

● 材料
マカロニ（サラダ用） …… 30g
ウインナー …… 2本
ミックスビーンズ …… 1袋（50g）
水 …… 400㎖
顆粒コンソメ …… 小さじ1
塩、こしょう …… 少々

作り方

1. ウインナーを1cm幅に切る。
2. メスティンにすべての材料を入れ、固形燃料14gに火をつけてマカロニが柔らかくなるまで煮る。

POINT　トマトを入れてミネストローネにしてもOK。

- ☐ 炊く
- ☑ 煮る
- ☐ 蒸す
- ☐ 炒める

鮭ときのこの フリカッセ

14g×1

脂ののった鮭がおすすめ
ご飯を混ぜてリゾットにも

● 材料

- 鮭 …… 1切れ
- エリンギ …… 1本
- しめじ …… 1/3株
- ホワイトソース缶 …… 80g
- 牛乳 …… 150㎖
- コンソメ …… 1個
- ブラックペッパー …… 適量

作り方

1. エリンギを短冊切りに、しめじをばらす。
2. ホワイトソース、牛乳を合わせる。
3. 鮭とすべての食材をメスティンに入れ、固形燃料14gに火をつける。
4. 煮立ったら、ブラックペッパーをかける。

POINT 最後に鮭はほぐすことで、食べやすく味もよくなじむ。

73

- ☐ 炊く
- ☑ 煮る
- ☐ 蒸す
- ☐ 焼く

自家製ジンジャーエール&レモネードシロップ

14g×1
14g×1

● 材料

自家製ジンジャーエール
しょうが …… 150g
砂糖 …… 150g
水 …… 50㎖
好みのスパイス
（鷹の爪、八角など）
炭酸水など割るもの

レモネードシロップ
レモン …… 1個
砂糖 …… 100g
はちみつ …… 大さじ2
水 …… 50㎖

お好みのハーブ
（ローズマリー、タイムなど）
炭酸水など割るもの

作り方

〈自家製ジンジャーエール〉

1 しょうがを薄切りにする。
2 メスティンにすべての材料を入れ、固形燃料14gに火をつける。
3 かき混ぜながら火が消えるまで煮たら、冷蔵庫で冷ます。炭酸水などで割る。

〈レモネードシロップ〉

1 レモンを薄切りにする。
2 メスティンにすべての材料を入れ、固形燃料14gに火をつける。
3 かき混ぜながら火が消えるまで煮たら、冷蔵庫で冷ます。炭酸水などで割る。

POINT　ジンジャーエールは鷹の爪を入れると辛口に。ホットにしても◎。

夏は冷やして冬はホットに好きな割り方で楽しめる

- ☐ 炊く
- ☑ 煮る
- ☐ 蒸す
- ☐ 焼く

大福しるこ

 14g×1

● 材料
市販大福 …… 1個(本書では豆大福使用)
カットカボチャ …… 1個(約25g)
A ┌ 水 …… 200mℓ
  │ すりおろししょうが …… 小さじ1/2
  └ 塩 …… 少々
シナモンパウダー …… 少々

作り方

1 カボチャを5mmほどのさいの目状に切る。
2 大福をキッチンバサミで十字に、4等分に切り分ける。
3 ②の大福の3個の餡をスプーンで取り出し、メスティンに入れる(餅は入れない)。
4 ③にAを入れてよく混ぜ、①と残りの大福1/4個を餅ごと加える。
5 固形燃料14gに火をつけ、蓋をして火が消えるまで加熱する。
6 ③で残った3個の餅を入れ、シナモンパウダーをふりかける。

POINT 豆大福を使うと、食感のアクセントがつくのでおすすめ。

大福を丸ごと活用
しょうがとシナモンがいいアクセントに

- ☐ 炊く
- ☑ 煮る
- ☐ 蒸す
- ☐ 焼く

海鮮トマトポトフ

 14g×2

● 材料

有頭エビ …… 3匹	白ワイン …… 30㎖
ホタテ …… 2個	トマト缶 …… 180g
ヤリイカ …… 2匹	コンソメ …… 1個
玉ねぎ …… 1/3個	塩 …… 適量
にんにく …… 1片	こしょう …… 適量
バター …… 10g	パセリ …… 適量

作り方

1 エビの背ワタを取り、ヤリイカの中骨を抜く。
2 玉ねぎは串切りし、
   にんにくはみじん切りにする。
3 固形燃料14gに火をつけ、
   バターでにんにくを軽く炒めたら
   エビ、ホタテ、ヤリイカ、玉ねぎを並べ、
   白ワイン、トマト缶、コンソメを入れて煮る。
4 火が消える前に、
   2個目の固形燃料14gを追加して煮る。
5 火が消えたら、塩・こしょうで味を調え、
   お好みでパセリをふる。

POINT 有頭エビを使うことでだしがよく出る。

魚介のだしが濃厚
〆にパスタを入れてもよし

アイデアレシピ 2
組み合わせてひと工夫 冷凍食品レシピ

冷凍食品の種類も最近はかなり豊富。味付けはすでにしてあるので、実は加熱するだけの自動調理と相性は◎。組み合わせによってアレンジされた、意外で美味しいレシピを紹介！

魚介たっぷりシーフードリゾット

14g×1

● 材料
シーフードミックス……1/2袋
えびピラフ……1/2袋
オリーブオイル……適量
トマトソース（紙パック）……1パック
パセリ……適量

作り方

1. メスティンにオリーブオイルを入れて固形燃料14gに火をつけ、加熱する。
2. シーフードミックスを入れて軽く火を通す。えびピラフ、トマトソースを2に入れ、全体を混ぜ合わせたら蓋をする。
3. 固形燃料の火が消えたら蓋を開け、仕上げにパセリをかける。

トマトソースを加えるだけで、簡単リゾットへ早変わり！

あんかけ風焼きおにぎり

  14g×1

香ばしい焼きおにぎりに中華あんが合う！

作り方
1. メスティンに焼きおにぎりを2つ並べる。
2. 中華丼の具を上からかける（凍っている場合は、焼きおにぎりの下に入れる）。
3. 蓋をして14gの固形燃料に火をつけ、火が消えるまで加熱する。

ミニロールキャベツスープ

  14g×1

作り方
1. ミニハンバーグ5個をキャベツで簡単にくるんでいく。
2. メスティンに1のハンバーグとカットしたベーコン適量、コンソメ1個と水250ml程度を入れる。
3. 蓋をして14gの固形燃料に火をつけ、火が消えるまで加熱する。

ミニロールキャベツがかわいい簡単スープ！

Chapter 3

第3章

メッシュトレイを使うことで、
メスティンは自動蒸し器に早変わり。
熱伝導率のよさを生かして、
どんな料理もすぐさま蒸してくれます。
意外なうどんから定番のシュウマイまで、
いろいろな食材で挑戦してみましょう。

「蒸す」

「蒸す」自動調理のポイント

水の量は多めに

蒸すために蒸発させる水の量が少ないと、すべて蒸発してしまい空焚きになり、メスティンがダメになってしまいます。多めに入れるか、注ぎ足しながら加熱しましょう。

詰めすぎに注意

メスティンは底だけでなく、側面も高温になります。そのため、食材を詰め込みすぎて側面に触れていると、そこから焦げてしまいます。間をあけたり油を塗って対応しましょう。

- ☐ 炊く
- ☐ 煮る
- ☑ 蒸す
- ☐ 焼く

タイカレーうどん

 14g×1

●材料
ゆでうどん …… 1玉
缶詰（タイチキンイエローカレー）…… 1缶
オリーブオイル …… 小さじ2
水 …… 150ml
パクチー …… 適量
鷹の爪 …… 1本分（輪切り）
ライム …… 適量

作り方

1 袋に入れたままうどん両面にオリーブオイルをかけ、袋の上から半分にちぎる。

2 メスティンの中に網をのせて水を入れ、①のうどんを袋から取り出して網にのせる。

3 固形燃料14gに火をつけ、蓋を少しずらして加熱し、蓋上に缶詰（プルトップを起こし口を少し開く）をのせる。

4 火が消えたらメスティンの湯を捨て、網を外して蓋を閉めて軽く振る。

5 缶詰を開けて④によく混ぜ合わせ、パクチーと鷹の爪をちらす。お好みでライムを絞りかける。

POINT　オリーブオイルで麺がくっつかないように。缶詰は破裂防止のために必ず口を開ける。

もちもち麺に
タイカレーがよくからむ！

- ☐ 炊く
- ☐ 煮る
- ☑ 蒸す
- ☐ 焼く

生ハムと スチームキャロットのサラダ

 4g×1

● 材料

生ハム …… 4枚
オレンジ …… 1個
ドライあんず …… 小2個（粗みじん切り）
ニンジン …… 50〜60g（細切り）
A ┌ シナモンパウダー …… 小さじ1/2
　│ 砂糖 …… 小さじ1
　└ ハーブソルト …… 適量

白ワイン …… 50mℓ
ローズマリー …… 適量
チャービル …… 適量
粗びき黒こしょう …… 適量

作り方

1 オレンジを半分に切り、中身をくり抜いて皮で器を作る。

2 ①のオレンジの果肉、粗みじん切りにしたドライあんず、細切りにしたニンジン、Aをボウルなどで和える。

3 ②を①のオレンジの皮の器に入れる。

4 メスティンに白ワインを入れ、網を敷いて③を並べ、ローズマリーを添えて蓋をし、固形燃料4gに火をつける。

5 火が消えたら蓋を開け、生ハムとチャービルを添え、粗びき黒こしょうをふる。

POINT 野菜の食感がなくならないよう、蒸し過ぎに注意する。

蓋を開けるとオレンジが香る
ワインによく合うスチームサラダ

- ☐ 炊く
- ☐ 煮る
- ☑ 蒸す
- ☐ 焼く

チーズフォンデュ

 14g×1

同時加熱で簡単調理!
季節に合わせた野菜で楽しめる

● 材料
カマンベールチーズ …… 1個
お好きな具材
(ウインナー、ブロッコリー、
にんじん、じゃがいもなど)
水 …… 適量

作り方

1. カマンベールチーズに
十字に切り込みを入れ、
アルミホイルで周りを包む。
野菜をひと口大に切る。

2. メスティンに網を敷いて水を1cmほど入れ、
①を並べて蓋をし、
固形燃料14gに火をつける。

3. 火が消えたら、蓋を開けて
カマンベールチーズに具材をつけていただく。

POINT チーズを丸ごとアルミホイルで包むことで器代わりに。

- [ ] 炊く
- [ ] 煮る
- [x] 蒸す
- [ ] 炒める

アボカド味噌バター

 14g×1

アボカドのサイズが調度いい！
味噌とバターがやみつきになる

● 材料

アボカド …… 1個
A ┌ 味噌 …… 大さじ1
　└ はちみつ …… 大さじ1
バター …… 10g
水 …… 適量

作り方

1. アボカドは半分に切って種を取り、内側に縦横の切り込みを入れる。Aを混ぜ合わせて味噌ダレを作る。
2. メスティンに網を敷いて水を1cmほど入れ、アボカドをのせて蓋をし、固形燃料14gに火をつける。
3. 火が消えたら、蓋を開けて味噌ダレを塗り、バターをのせる。

POINT　アボカドを蒸すことでトロトロに！　穴にバターを落としてスプーンで食べる。

- ☐ 炊く
- ☐ 煮る
- ☑ 蒸す
- ☐ 焼く

ジャンボシュウマイ

14g×2
4g×1

● 材料

ひき肉（合い挽き）…… 350g
れんこん …… 30g（粗みじん切り）
えのき …… 30g（粗みじん切り）
ねぎ …… 30g（粗みじん切り）
チンゲン菜 …… 4〜6枚（リーフ部のみ）
シュウマイの皮 …… 9枚
水 …… 150ml

ごま油（分量外）
A ┌ ・ごま油 …… 大さじ1
  │ ・酒 …… 大さじ1
  │ ・オイスターソース …… 大さじ1
  │ ・塩 …… 少々
  │ ・こしょう …… 少々
  │ ・しょうゆ …… 大さじ2
  └ ・砂糖 …… 大さじ1
パクチー …… 適量（仕上げ用）

作り方

1 れんこん、えのき、ねぎを粗みじん切りにする。

2 ひき肉、①、Aをひとつのボウルに入れ、なめらかになるまで混ぜる。

3 メスティンに網を敷いて水を入れ、チンゲン菜を網上全体に敷き詰める。

4 ③に②を詰めて、表面をシュウマイの皮で覆う。覆った皮の表面にゴマ油（分量外）を塗る。

5 蓋をして固形燃料14gに火をつけ、消える前に2つ目の固形燃料14gを追加する。

6 竹串を刺して火が中心まで通っているか確認し、まだなら4gの固形燃料を追加する。

7 蒸し上がったら蓋を開け、パクチーをちらす。

POINT 竹串を刺して、透き通った肉汁がでればOK。

肉汁たっぷりで
美味しさはそのまま!

Chapter 4

第4章

調理方法の基本、焼くですが、
基本的に放っておくだけの自動調理では、
意外と難しかったりします。
しかし、その対策やテクニックは
ちゃんとあります。
かわいいパンケーキから
お肉たっぷりのレシピまで、
美味しく焼いていきましょう。

「焼く」

「焼く」自動調理のポイント

焦げ付き対策で焦がさない

焼き料理で注意が必要な焦げですが、P15で紹介している焦げ付き防止テクを使えば、放っておきながら焼いても問題なし。

側面もしっかりカバー

パンケーキなどを焼くときのバターは、底面だけではなく側面までしっかり塗りましょう。ほかの料理も、油は少し多めにして横から焦げないように気をつけましょう。

- ☐ 炊く
- ☐ 煮る
- ☐ 蒸す
- ☑ 焼く

アボカドミートローフ

 14g×2

● 材料

アボカド …… 大1個	レモンスライス …… 適量(仕上げ用)
鶏ひき肉 …… 350g	チャービルorタイム …… 少々(仕上げ用)
玉ねぎ …… 1/2(みじん切り)	A ┌ コンソメ …… 大さじ1.5
プチトマト …… 8個(1/4に切る)	│ ナツメグ …… 小さじ1/4
レモン汁 …… 適量	│ クローブ …… 小さじ1/4
ハーブソルト …… 適量(仕上げ用)	│ オールスパイス …… 小さじ1/4
	└ シナモン …… 小さじ1/4

作り方

1. アボカドは半分に切って皮をむき、種を取っておく。
2. ひき肉、玉ねぎ、Aを合わせ、なめらかになるまでよく混ぜる。
3. メスティンにP15の焦げ防止テクを施し、メスティンの型に合わせてクッキングペーパーを敷く。
4. ③に②を詰め、①を肉に埋めるようにおく。
5. 蓋をして固形燃料14gに火をつけ、消える前に2つ目の固形燃料14gを追加する。
6. 火が消えたら布でくるんで15分ほどおく。
7. 1/4にカットしたプチトマトを、レモン汁、ハーブソルトで和えておく。
8. アボカドのホールに⑦を入れ、レモンスライス、チャービルをのせる。

POINT ⑥で火が消えたとき、竹串を刺して唇にあて、熱くなければ4gの固形燃料でさらに焼く。

肉に練り込んだスパイスが決め手
アボカドとトマトが飽きさせない

☐ 炊く
☐ 煮る
☐ 蒸す
☑ 焼く

チョコチップ
バナナケーキ

14g×1
4g×1

● 材料
バナナ …… 1/2本
ホットケーキミックス …… 150g
牛乳 …… 100mℓ
チョコチップ …… 適量
バター …… 適量

作り方

1 バナナを輪切りにする。
2 ホットケーキミックスに牛乳を合わせて生地を作る。
3 メスティンの内側にしっかりバターを塗る（角を多めに、蓋の内側にも塗る）。
4 ③に②を流し込み、バナナ、チョコチップを散らしてのせる。
5 蓋をして固形燃料14gに火をつける。
6 9分たったあたりでメスティンをひっくり返す。火が消える前に固形燃料4gを追加し、焼きあげる。

POINT ⑥でひっくり返したとき、液漏れがあったら戻してまた加熱する。

ふっくらケーキをメスティンで！トロトロのチョコバナナは間違いなし

☐ 炊く
☐ 煮る
☐ 蒸す
☑ 焼く

フリッタータ

 14g×1

● 材料
ズッキーニ …… 1/2本
ベーコン …… 2枚
ミニトマト …… 6個
卵 …… 2個
ピザ用チーズ …… 50g
オリーブオイル …… 大さじ2
塩、こしょう …… 少々
ブラックペッパー …… 少々

作り方

1. ズッキーニは薄切りにする。
ベーコンは1cm幅に切る。卵を溶く。

2. メスティンにズッキーニ、ベーコン、
オリーブオイルを入れ、
固形燃料14gに火をつけて炒める。

3. 残りの材料を入れ、ひと混ぜして蓋をする。

4. 火が消えたら、
蓋を開けてブラックペッパーをふる。

(POINT) 多めの油で揚げ焼きにすることで、卵料理もくっつかずできる。

トマトとチーズが卵に合う！
イタリアオムレツ料理

☐ 炊く
☐ 煮る
☐ 蒸す
☑ 焼く

メスティンパンケーキ

4g×2

●材料

A ┌ ホットケーキミックス …… 150g
 │ 卵 …… 1個
 └ 牛乳または水 …… 50㎖
バター …… 適量
メープルシロップ …… 適量

作り方

1 ビニール袋にAを入れて、よくもんで混ぜ合わせる。

2 メスティンの内側にしっかりバターを塗る（角を多めに、蓋の内側にも塗る）。

3 固形燃料4gに火をつけ、バターが溶けてきたら①の半量を袋の角を切って流し入れる。

4 生地の表面にぽつぽつ穴があいてきたら、メスティンの内側を箸などで一周させてくっついていないか確認し、蓋をして勢いよくひっくり返す。

5 火が消えるまで加熱する。蓋を下にしたまま本体を外して取り出す。残り半分も同様に焼く。

6 お好みでバター、メープルシロップをかける。

POINT　バターが生地に入ってリッチな味わいに！　サラダ油でもOK。

メスティンの形がかわいい！
ふんわり焼ける定番スイーツ

101

- ☐ 炊く
- ☐ 煮る
- ☐ 蒸す
- ☑ 焼く

ラックスプディング

14g×3
4g×2

● 材料

そぼろサーモン …… 100g
じゃがいも …… 250g（薄切り）
玉ねぎ …… 1/2個（100g、薄切り）
ディル …… 3〜5g
粗びき黒こしょう …… 小さじ1（そぼろにまぶす）
バター …… 大さじ1/2
クレイジーソルト …… 小さじ1

A
- 粉チーズ …… 大さじ1
- 塩 …… 小さじ1/4
- こしょう …… 少々
- 卵 …… 1個
- 牛乳 …… 150ml
- ガーリックパウダー …… 少々

作り方

1. Aをボウルに入れて、すべて混ぜておく。
2. じゃがいもにクレイジーソルトを、玉ねぎにバターをまぶす。そぼろサーモンに粗びき黒こしょうを混ぜる。
3. メスティンにP15の焦げ防止テクを施し、メスティンの型に合わせてクッキングペーパーを敷く。
4. ③にじゃがいもの1/3を並べ、1/2の玉ねぎ、1/2のサーモンの順に上に敷き詰め、ディルの1/3量分をちらす。これをもう一度繰り返し、最後にもう一度じゃがいもを並べる。
5. ④に①を流し入れて蓋をし、まず14gの固形燃料に火をつけ、14gを2つ、4gを2つと、火が消える手前で追加していく。
6. 火からおろしたら布でくるみ、15分ほど保温する。
7. 最後に残り1/3のディルをのせる。

POINT じゃがいもを薄切りにして、層を作ることで熱が通りやすく鮭の旨味も染みる。

ホクホクのじゃがいもと
鮭がベストマッチ！
切り分けて大人数で楽しめる

☐ 炊く
☐ 煮る
☐ 蒸す
☑ 焼く

ガーリックシュリンプ

 4g×3

● 材料

えび …… 5尾（大きめ）

A ┌ オリーブオイル …… 大さじ2
  │ すりおろしにんにく …… 小さじ1
  │ すりおろししょうが …… 小さじ1
  └ 白ワイン …… 小さじ2

岩塩 …… 小さじ1/4
バター …… 1片
粗びき黒こしょう …… 少々
レモン …… 適量

作り方

1 えびは脚、背ワタ、腹ワタを取り、さっと水洗いして水気をふき取る。

2 メスティンにAを入れ、よく混ぜたら①を混ぜ込んで10分おく。

3 ②に岩塩とバターを入れ、蓋を少しずらしてのせたら、4gの固形燃料3つに同時に火をつける。

4 ふつふつしてきたら蓋を外し、途中、えびを返す。

5 粗びき黒こしょうをふりかけ、レモンを絞りかける。

POINT 油がはねるのでオリーブオイルが多すぎないように注意。エビを返すのを忘れずに。

ハワイアンテイストで南国気分！
カリカリのエビにレモンをかけて召し上がれ

☐ 炊く
☐ 煮る
☐ 蒸す
☑ 焼く

焼きりんご

14g×3
4g×2

● 材料
りんご …… 1個
（直径8cm、ジョナゴールドなど
酸味のあるものがおすすめ）
市販キャラメル …… 4個
きび砂糖 …… 大さじ1と小さじ1
ラム酒 …… 小さじ1
水 …… 大さじ2
クローブ、シナモンパウダー …… 少々

作り方

1 メスティンに水を入れ、ホイルを二重にし、メスティンの内側全体に敷き詰める。

2 皮を剥いて横半分に切ったりんごの芯を、底に穴があかないようにスプーンでくり抜く。

3 きび砂糖小さじ1、ラム酒小さじ1/2ずつを②の穴に入れ、キャラメルを2個のせ、穴まわりにきび砂糖小さじ1ずつとスパイスをふりかける。

4 固形燃料14gに火をつけ、蓋をして加熱する。

5 火が消えたら固形燃料4gを半分に割り、それぞれりんごの下の位置になるように置き、加熱する。

POINT 焦げ付くのでホイルは底面だけでなく側面まで覆う。りんごの皮を剥くことで果汁ソースが堪能できる。

果汁たっぷりカラメルソースと相性抜群
ほどよく残った酸味と食感が

- ☐ 炊く
- ☐ 煮る
- ☐ 蒸す
- ☑ 焼く

プリンクリームパン

 14g×2〜

● 材料

A
- 強力粉 …… 100g
- ホットケーキミックス …… 100g
- ベーキングパウダー …… 小さじ1/2
- 塩 …… 少々

B
- ヨーグルト …… 90g
- 牛乳 …… 大さじ2

- レモンピール …… 50ml（1/4カップ）
- バター …… 10g
- プリン …… 140g（市販の焼きプリン）
- バター（分量外）

作り方

1 AとBをそれぞれ混ぜ合わせておく。

2 ①のAにバターを入れ、すり合わせる。

3 ①のBと②を混ぜ合わせ、こねてひとつに丸め、ラップをして30分ほど寝かせる。

4 ③にレモンピールを混ぜ、ひとつに丸めておく。

5 メスティンにP15の焦げ防止テクを施し、メスティンの型に合わせてクッキングペーパーを敷く。

6 ④を3つに分け、それぞれを丸く伸ばし、プリンを大さじひとつずつ包む。

7 ⑤に⑥を並べ、表面にバター（分量外）を多めに塗り、蓋をして固形燃料14gに火をつける。

8 消える前に2つ目の14gの固形燃料を追加する。

9 火が消えて焼けていたら、布で包んで2〜3時間おく。

POINT ⑨で火が消えたとき、竹串を刺して唇にあて、熱くなければ4gの固形燃料でさらに焼く。

こんがりとした
焼き色がたまらない
もちもち生地とプリンで
味も量も大満足

- ☐ 炊く
- ☐ 煮る
- ☐ 蒸す
- ☑ 焼く

はんぺんマヨグラタン

 14g×2

● 材料

はんぺん大 …… 1枚
ゆで卵 …… 2個
ミックスビーンズ …… 50g
ピザ用チーズ …… 50g

A ｜ 玉ねぎ（みじん切り） …… 1/2個
　｜ マヨネーズ …… 大さじ2
　｜ 粒マスタード …… 大さじ1
　｜ 牛乳 …… 大さじ2
　｜ 塩 …… 適量
　｜ こしょう …… 適量

パセリ …… 適量

作り方

1 はんぺんは2cm角に切る。
ゆで卵は5mmの輪切りにする。

2 メスティンに混ぜ合わせたAを半量入れ、はんぺん、ゆで卵、ミックスビーンズを盛ったら、Aの残りの半量をまわしかける。

3 ⓐにピザ用チーズを散らして固形燃料14gに火をつけ、消えかけたところでもうひとつ固形燃料14gを加えて熱する。

4 焼き上がったらパセリをふる。

POINT 盛り過ぎるとあふれやすいので、蓋のつなぎ目の線を目安に盛ること。

ふわふわのはんぺんと
濃厚マヨチーズ味に
手が止まらなくなる

☐ 炊く
☐ 煮る
☐ 蒸す
☑ 焼く

キウイパンプディング

 14g×1

●材料
バゲット …… 1/3本
牛乳 …… 200㎖
グラニュー糖 …… 30g
卵 …… 2個
グリーンキウイ …… 1/2個
ゴールドキウイ …… 1/2個
メープルシロップ …… 適量

作り方

1 牛乳(50㎖)、グラニュー糖(15g)を
メスティンに入れて混ぜ、
バゲットをひと口大に乱切りにして
メスティンに並べて浸しておく。

2 卵、牛乳(150㎖)、グラニュー糖(15g)を
よく混ぜ合わせ、①の上からまわしかける。

3 キウイ2種類の皮を剥き、
それぞれ輪切りにして②のバゲットの上に並べる。

4 蓋をして、固形燃料14gに火をつけて加熱する。

5 火が消えたら蓋を開け、
メープルシロップを全体にたっぷりかける。

POINT ④で蓋を開けて表面がまだ固まっていなかったら、4gの固形燃料でさらに加熱する。

甘く染み染みになったバゲットとキウイの酸味がベストマッチ!

アイデアレシピ 3

家族でも楽しめる！ラージメスティンレシピ

ラージメスティンを使って、メスティンよりもボリューミーなファミリー向けレシピを紹介！ぜひ家族で楽しんでみよう。

2種類の具材の簡単餃子ピザ 14g×1

● 材料

餃子の皮……6枚
ピザソース……適量
オリーブオイル……適量
玉ねぎスライス……適量
ウインナー……適量
ツナ缶……1缶
コーン……適量
ピザ用チーズ……適量
イタリアンパセリ……適量

作り方

1. ラージメスティンにオリーブオイルを入れ、餃子の皮を端が重なるように敷く。
2. ピザソースを皮全体に塗り、左半分にスライスした玉ねぎとウインナー、右半分にツナとコーンをのせる。
3. 2の全体にピザ用チーズをふりかけ、固形燃料14gに火をつけて蓋をする。
4. 火が消えたら蓋を開け、バーナーで表面に軽く焦げ目をつけてイタリアンパセリをのせる。

子どもと作れる定番簡単ピザレシピ！

Idea Recipe

キャベツたっぷりとん平焼き

 14g×2

ボリューム抜群で
家族も大満足間違いなし！

作り方

1 14gの固形燃料に火をつけ、油、ざく切りにしたキャベツ1/4玉、もやし1/2袋、豚こま肉150gを入れて炒める。
2 塩・こしょうで味付けをし、全体がしんなりしたらハンドル側に具材を寄せる。
3 空いた奥側に油を多めに入れ、卵3個分の溶き卵を流し込み、奥側に火が当たるようにずらす。
4 蓋をして火が消えるまで待つ。火が消えたら焼けた卵を具材にかぶせ、ソース、マヨネーズなどお好みで味付けをする。

すき焼き鍋

 14g×2

作り方

1 ラージメスティンに油を薄く敷き、牛肉、白菜、長ねぎ、焼き豆腐、しらたきなどお好みの具材と量を入れる。
2 水100㎖、しょうゆ100㎖、砂糖30g、みりん100㎖を入れた割り下を作り、全体に回し入れる。
3 蓋をして固形燃料14gを2個並べて火をつけ、火が消えるまで加熱する。
4 卵を割り、煮えた具材を絡めていただく。

熱効率のよいメスティンで
すき焼きも美味しく！

Idea Recipe

野菜の肉巻き蒸ししゃぶ

 14g×1

作り方
1. ラージメスティンにメッシュトレイを敷き、0.5cmほど水を入れる。
2. 水菜、豆苗、もやしなどお好みの具材と量を用意し、豚肉で巻いてメスティンの中に敷き詰める。
3. こしょうをふり、固形燃料14gに火をつけ、蓋をして火が消えるまで蒸す。蒸しあがったらポン酢につけていただく。

具材やタレを変えれアレンジを楽しめる!

カラフルバーニャカウダ

 14g×1
4g×1

カラフル野菜でメスティンを色鮮やかに!

作り方
1. 最初に、にんにくチューブ大さじ1、つぶしたアンチョビ5本、牛乳大さじ4、塩・こしょう適量、オリーブオイル大さじ4をシェラカップに入れ、4gの固形燃料で加熱しておく。
2. ラージメスティンにメッシュトレイを敷き、0.5cmほど水を入れ、赤黄パプリカ、ブロッコリー、アスパラガスなどお好みの具材をメスティンに並べる。
3. 固形燃料14gに火をつけ、蓋をして蒸す。蒸しあがったら、1で加熱したソースにつけていただく。

チョコフォンデュ

 14g×2

子どもも喜ぶ
おやつレシピ

作り方
1. ラージメスティンに2cmほど水を張り、固形燃料14gを2個並べて火をつけ、加熱しておく。
2. シェラカップに牛乳200mlと板チョコ2枚を刻み入れ、1の中にシェラカップを入れる。
3. 水が沸騰してきたら2を混ぜながら溶かし、カットしたバナナ、マシュマロなどをつけていただく。

ミルフィーユ鍋

 14g×2

見た目が華やかな
定番鍋レシピ!

作り方
1. ラージメスティンに豚バラ肉と白菜を交互に敷き詰めていく。
2. 粉末の和風だしを全体にかけ、水300mlをまわしかける。
3. 固形燃料14gを2個並べて火をつけ、蓋をして火が消えるまで加熱する。

1 焦げ付きの取り方

メスティンはアルミ製のため、油分や水分量の少ない調理法では焦げ付きやすい。特に「炊く」「焼く（炒める）」での調理時は覚悟が必要。ここではお酢と日光を使った焦げ落としの方法を紹介する。

1 お酢を入れて沸騰させる

焦げ付きが浸るくらいの水をメスティンに入れ、さらにお酢を大さじ2ほど加えて軽く混ぜたら火にかける。鍋底の焦げが柔らかくなるまでグツグツと煮る。

2 天日干しする

ベランダや庭先などに、鍋底が直射日光に当たりやすい角度で立てかける。晴天なら1～2日ほど、曇天なら1週間くらい放置しておく。雨が降りそうな日は取り込んでおくこと。

3 焦げが剥がれてくる

十分な紫外線に当てられたことで、焦げが乾燥して勝手にひび割れてくる。指でつまめるところは剥がしてしまい、あとはスポンジなどで軽くこすれば焦げが落とせる。

4 完了！

タワシや金ダワシなどでゴシゴシ洗うことでもある程度焦げ付きは落とせるが、力もいるしメスティンも傷ついてしまう。次回使用まで余裕があるなら、天日干しがオススメ。

すす汚れの落とし方

どんな調理器具でも起こることだが、アルミ製のメスティンを固形燃料で熱すると、すす汚れがつきやすい。そんなすす汚れの落とし方と、つきにくくする方法を紹介する。

① 洗剤を塗る

メスティン使用前に中性洗剤を塗りつけておくことで、固形燃料などで熱した際のすす汚れをつきにくくすることができる。スポンジなどで軽く塗りつける程度でよい。

② お酢を入れたお湯で煮る

メスティンが浸かる程度の量の水とお酢を8：2くらいの割合で鍋に入れる。メスティンを浸して火にかけ、沸騰させてしばらく煮る。

③ メラミンスポンジで擦る

②のメスティンが冷めたら、キッチンペーパーなどで水気を拭き、たっぷりの水で濡らしたメラミンスポンジで丁寧にすす汚れをこすり落とし、最後に中性洗剤で洗い流す。

④ 完了！

きれいになったメスティンの水気を拭き取ったら、忘れずに①をおこない、軽く乾いた布で拭き取り乾燥させておく。力任せに洗わず、丁寧に洗い流すことで摩耗を防ぐことができる。

メスティンメンテ **3**

鏡面加工

メスティンも繰り返し使用していると汚れてくるもの。山やキャンプへ持っていき、固形燃料で調理していると特に汚れやすい。せめて蓋だけでもピカピカに磨いて、メスティンをきれいにしてあげよう。

必要な道具

① 金属用研磨剤
② 軍手
③ 耐水紙やすり
④ あて木
⑤ ウエス（布）
⑥ 新聞紙

※金属用研磨剤は記載されている使用上の注意をよく読んで使用してください。

① 洗剤で油分を落とす

メスティンを中性洗剤でよく洗い、表面についている油分を落とす。洗い終わったら乾いた布で水分を拭き取って乾燥させる。

② 耐水紙やすりで磨く

耐水紙やすりで表面を磨く。800番から始めて、1000番、1500番と、番手の粗いものから徐々に細かい番手に移行して磨いていく。

③ 研磨剤で磨く

研磨剤の蓋を開ける前によく振り、ウエスなどの柔らかい布に適量を取ってメスティンの表面を磨いていく。あて木を使うと簡単かつきれいに磨きやすい。

④ 布で拭き取り、完成！

きれいな布でメスティン表面に残った研磨剤の汚れを拭き取れば完成。金属用研磨剤は汚れだけでなく、錆もきれいに落としてくれる。

フッ素コーティング

焦げ付きの落とし方はP118で紹介したが、ここではそもそも焦げ付きにくくするための方法を紹介する。市販のものを使用した簡単な方法なので、より高い効果を求めるなら専門業者に依頼するといいだろう。

必要な道具

① フッ素コーティング剤
② 耐水紙やすり
③ ウエス(布)
④ スポンジ
⑤ ドライヤー

① 洗剤で汚れを落とす

メスティンを中性洗剤でよく洗い、表面についている汚れ・油分をしっかりと落とす。洗い終わったら乾いた布で水分を拭き取って乾燥させる。

② 耐水紙やすりで磨く

P120の鏡面加工と同様に耐水紙やすりで表面を磨く。内側のフチの部分は磨きにくいので、割り箸など細いものをあて木にすると磨きやすい。

③ コーティング剤を塗る

フッ素コーティング剤を適量吹き付け、スポンジでメスティンの内側に塗る。スポンジは使いやすい大きさにカットするとよい。

④ 繰り返し乾燥させて完成!

まんべんなく塗ったらウエスなどの乾いた布で表面の白っぽい水分を完全に拭き取る。乾いてしまうと拭き取りにくくなる。4〜5回コーティング剤を厚塗りしたら、ドライヤーなどで温風加熱(80〜90℃)する。

5 注意したい失敗例

メスティンを使用するうえでの注意点をおさえておこう。ありがちなものから致命的なものまであるので気をつけて使用すること。長く使用するコツは、こまめに使用して丁寧に洗ってあげることに尽きる。

食洗機で洗う

食洗機で食洗機用洗剤にメスティンをかけてしまうと、黒く変色してしまう。やはり、中性洗剤とスポンジなどで丁寧に手洗いしてあげるのがいちばんいい方法だ。

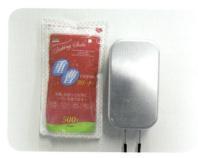

重曹を使用する

汚れ落としになにかと便利な重曹だが、アルミ素材には使用NG。重曹(=炭酸水素ナトリウム)の成分は弱アルカリ性のため、熱が加わるとアルカリとアルミが化学反応を起こして黒ずんでしまう。

焚き火で使用する

メスティンを焚き火にかける際には注意が必要。メスティンのアルミ素材は薄く軽量なつくりのため、高温すぎる焚き火に長時間かけておくと、焼けて穴があいてしまうことも。使用するにしても、小さな焚き火を心がけよう。

空焚きをする

これは焚き火での使用と同じ理由。アルミニウムの融点は約600℃で、鉄などに比べると低いため、空焚きをすると傷む原因となってしまう。

電子レンジで使用する

電子レンジでアルミホイルを使用してはいけないように、メスティンの使用もNGである。うっかりメスティンをレンジで加熱してしまうと、たちまち火花が飛び、場合によっては爆発してしまうこともある。

取っ手を加熱する

固形燃料を使って野外で調理する際、風が強いと固形燃料の炎が煽られて取っ手部分にまで及ぶことも。特に着火してすぐは火力も強いため、注意が必要。風防などがない場合は、着火直後はしっかり見張って、ほったらかしにしないようにしよう。

レシピ・アイデア提供者

Sachi

2002年よりパティシエや製菓講師として活動の後、広告、雑誌などでのレシピ制作やフードスタイリング、スイーツ関連のレシピ本を多数執筆するなど、幅広く活躍。近年ではアウトドアの活動も行なっている。

- P28 ………………………… めんたい高菜ご飯
- P34 ………………………… 豚玉丼
- P40 ………………………… とり飯
- P52 ………………………… 白菜のスープグラタン
- P58 ………………………… バッファローチキン
- P62 ………………………… クリームチーズペンネ
- P70 ………………………… コンソメオニオン
- P76 ………………………… 大福しるこ
- P84 ………………………… タイカレーうどん
- P104 ……………………… ガーリックシュリンプ
- P106 ……………………… 焼きりんご

パエリアン

キャンプ料理レシピサイト「ソトレシピ」代表・千秋広太郎と元イタリアンシェフ・藤井尭志によるキャンプ料理ユニット。キャンプ場での「ライブ感」と「業務用スーパー」をこよなく愛す。TV、雑誌、Youtubeでのレシピ開発やイベントなどで活動中。

- P30 ………………………… 炊き込みチャーハン
- P37 ………………………… ホタテとしめじのほっこり粥
- P38 ………………………… メキシカンピラフ
- P42 ………………………… 中華粥
- P60 ………………………… 酸辣湯
- P65 ………………………… スープ水餃子
- P68 ………………………… 夏野菜のトマト煮込み
- P73 ………………………… 鮭ときのこのフリカッセ
- P78 ………………………… 海鮮トマトポトフ
- P96 ………………………… チョコチップバナナケーキ
- P110 ……………………… はんぺんマヨグラタン
- P112 ……………………… キウイパンプディング

Pear

寒川せつこと娘による新ユニット。焚火カフェやさまざまなワークショップで料理を担当。パーティのケータリングも受けるように。面倒くさいのはイヤだ！もったいないことはしたくない！美味しいモノが食べたい！をミックスして日々ご飯を実験中。

- P50 ………………………… ポルセ ストロガノフ
- P54 ………………………… こしょう鍋
- P66 ………………………… おとなのチョコレートムース
- P86 ……… 生ハムとスチームキャロットのサラダ
- P90 ………………………… ジャンボシュウマイ
- P94 ………………………… アボカドミートローフ
- P102 ……………………… ラックスプディング
- P108 ……………………… プリンクリームパン

木村 遥

料理研究家・フードスタイリストのアシスタント経験、スタジオ所属を経て、フードスタイリストとして独立。書籍、雑誌、WEB、広告などで活動中。メスティンの使い勝手の良さとスタイリッシュな見た目が気に入り愛用している。

- P32 ………………………… 簡単パエリア
- P36 ………………………… さつまいもご飯
- P56 ………………………… バナナのホットチェー
- P57 ………………………… シナモンりんごジャム
- P64 ………………………… トマトリゾット
- P72 ………………………… マカロニスープ
- P74 ………………………… 自家製ジンジャーエール＆レモネードシロップ
- P88 ………………………… チーズフォンデュ
- P89 ………………………… アボカド味噌バター
- P98 ………………………… フリッタータ
- P100 ……………………… メスティンパンケーキ

アイデアレシピ提供 　→　 メスティン愛好会

メスティン
自動レシピ

2019年8月1日　初版第1刷発行
2020年10月25日　初版第10刷発行

著者
メスティン愛好会

発行人
川崎深雪

発行所
株式会社山と溪谷社
〒101-0051
東京都千代田区
神田神保町1丁目105番地
https://www.yamakei.co.jp/

印刷・製本
株式会社光邦

●乱丁・落丁のお問合せ先
山と溪谷社自動応答サービス
TEL：03-6837-5018
受付時間／10:00-12:00
　　　　　13:00-17:30
　　　　　（土日、祝日を除く）

●内容に関するお問合せ先
山と溪谷社
　TEL：03-6744-1900（代表）

●書店・取次様からのお問合せ先
山と溪谷社受注センター
TEL：03-6744-1919
FAX：03-6744-1927

©2019 Yama-Kei Publishers Co.,Ltd.
All rights reserved.
Printed in Japan
ISBN978-4-635-45038-6

●定価はカバーに表示しています。●落
丁・乱丁本は送料小社負担にてお取り
換えいたします。●本書の一部あるいは
全部を無断で転載・複写することは、著
作権者および発行所の権利の侵害になり
ます。あらかじめ小社までご連絡ください。

製品に関するお問合せ先

●トランギア／イワタニ・プリムス
　TEL：03-3555-5605
●エスビット／飯塚カンパニー
　TEL：03-3862-3881
●ユニフレーム／新越ワークス
　TEL：03-3264-8311
●ロゴス／ロゴスコーポレーション・コンシューマ係
　TEL：0120-654-219
●グラナイトギア／ヴァーテックス
　TEL：046-205-7391
●ベルモント
　TEL：0256-36-1081

スタッフ

ブックデザイン
尾崎行欧、宮岡瑞樹
齋藤亜美、宗藤朱音（oi-gd-s）

写真
三輪友紀（STUDIO DUNK）、
原田真理、後藤秀二、勝川健一
吉岡教雄、輿石フリオ（BURONICA）

校閲
戸羽一郎

編集・執筆
髙橋 敦、渡辺有祐（FIG INC.）、
五十嵐雅人（山と溪谷社）

DTP
宮川柚希、佐々木麗奈（STUDIO DUNK）、
中尾 剛、菅沼祥平